COMPLAINTE

D'UNE

POULE D'EAU

SOUVENIRS ET REGRETS!!

Beati pauperes spiritu!

Septembre
1874.

COMPLAINTE

D'UNE

POULE D'EAU

SOUVENIRS ET REGRETS!!

Beati pauperes spiritu !

Dédié par les Auteurs
A M. DE BONNAULT.

Septembre
1874.

COMPLAINTE

D'UNE POULE D'EAU

A M.

SOUVENIR DE L'HOTEL DE FRANCE

M DCCC LXXV.

COMPLAINTE

D'UNE POULE D'EAU

I

Un matin, près d' la rivière,
Un chasseur nommé Martin,
Se faisant pas trop d' chagrin,
Se tenait sur son derrière,
Car tout l' mond' de c' pays-ci,
Sait bien qu'il ne chass' qu'assis !

II

Le premier oiseau qui passe :
« A vous, » s'écri' d'un ton sec
Le bon ami Schabenbeck,
Et le plomb vol' dans l'espace ;
Les trois autr' restent debout :
Léon, Delmas avec Proust !

III

Cependant l' bateau s'approche,
Tout le monde mont' dedans;
Les poissons montrent les dents!
Les pêcheurs, cuiller en poche,
Les regard' d'un air narquois,
Car ils savaient bien pourquoi!

IV

Y' en a quatr' qui port' quéq' chose,
Le cinquièm' ne portait rien,
Mais il se portait si bien,
Etant frais comme une rose!
On lui disait : « P'tit Léon,
Tu dois êtr' fier de ton nom! »

V

Soudain Proust, qui n'y voit goutte,
Croit voir sur un peuplier
Un oiseau un peu plié
Sur lequel y avait doute.
L'un dit : « C'est un pigeon, j' crois,
Mais je n' vois pas les p'tits pois! »

VI

L'autre dit : « C'est un' tourt'relle! »
Martin dit : « Un épervier! »
— « Je maintiens qu' c'est un ramier, »
Dit Proust en r'gardant sous l'aile!
Et d'un coup de son fusil
Il l'abat. Ainsi soit-il!

VII

Aussitôt la barque aborde.
Delmas, sautant dans l'îlot,
Dit : « Ne lâchez pas l' canot,
Au surplus j'ai-z-une corde
Pour rapporter la perdrix
Que j' crois un oiseau de prix! »

VIII

Donc il court, cherche et furète,
Et ne trouve rien du tout :
« C'était pourtant un beau coup!
Sapristi! que ça m'embête,
Si je n' prouve pas que j' l'ai,
Ils vont dir' que j' l'ai mangé! »

IX

Léon court à la rescousse,
Avec un bâton en main ;
Il entre dans un jardin,
Il farfouille tout c' qui pousse,
Mais il a beau fouiller fort,
Il ne trouv' point d'oiseau mort!

X

Les deux chercheurs s'en reviennent
Sans avoir rien découvert!
« Heureus'ment qu' j'ai un couvert,
Dit Delmas, qu'on s'en souvienne! »
L'autre dit : « Vous m' fait' pitié!
Vous n'en avez qu' la moitié! »

XI

Delmas dit : « C'est la meilleure,
La fourchett' ne sert qu'un temps ;
Nous ne somm' pas au printemps !
Et ce qu'il nous faut sur l'heure,
C'est un' cuiller en argent
Dont on se sert à Nogent ! »

XII

» Nogent ! Mais quel Nogent est-ce ?
Est-ce Nogent-le-Rotrou ?
Est-ce sur la Marne un trou
Connu par sa petitesse ?
Ou bien est-c' Nogent-le-Phaye ?
Au fait ! quéqu' cela nous fait !

XIII

» La cuiller, c'est un mirage
Qui tromp' les poissons farceurs ;
Ils la prenn' pour un des leurs,
Parce qu'ell' brille et qu'ell' nage,
Mais y a d'sous des crochets
Ousqu'ils restent accrochés ! »

XIV

Tel est l'instrument magique
Dont Delmas est le lanceur ;
On peut en êtr' possesseur
Moyennant un' somm' modique :
Ça n' coût' que trois francs dix sous,
Et jamais ça n' se dissout !

XV

Tout le monde fait silence,
On attend le résultat,
Mais avec c' fameux appât
On ne pêch' qu'en apparence.
Les pêcheurs faisaient un nez!
Le truc était débiné!

XVI

Les brochets faisaient leur tête.
Pas si bêt' que d' s' fair' pincer!
On les voyait bien passer
Tout en chantant à tue-tête :
« T'as beau fair', mon p'tit Delmas,
T'en seras pour tes appâts! »

XVII

Mais Jul' Proust, que rien n'arrête,
Pas mêm' celles des poissons,
Dit : « J'ai là trois hameçons,
Et je serais par trop bête,
Si j' n'en prenais pas plus qu' toi!
Ot' ta cuiller et laiss' moi! »

XVIII

— « Zut! y a plac' pour tout l' monde!
Dit Martin toujours assis,
Je vous offre mon assis-
tanc' pour pêcher à la ronde! »
Il dit, et, d'un air tout fier,
Jette dans l'eau sa cuiller!

XIX

Déjà Proust avec la sienne
Avait troublé le fond d' l'eau,
Et, jaloux comme Othello,
Il criait : « Qu'on me retienne,
Car, si j' ramène pas d' poissons,
J'aval'rai mes trois ham'çons ! »

XX

En entendant c' cri sublime,
L'équipage, tout ému,
Reste un moment suspendu,
Les yeux fixés sur l'abîme,
Et recouvre enfin l'espoir
D'en manger quéq-z-uns le soir !

XXI

Après quelques heur' d'attente,
Schabenbeck, n'en pouvant plus,
Dit : « C'est sans doute le r'flux,
Car je ne crois pas qu'il vente,
C'est le r'flux qu'emporte tout ;
Mieux vaudrait rentrer chez nous ! »

XXII

A ces mots, Léon, tout rouge,
Pâlit en disant : « La v'là !
Qué qu' c'est que c' t'animal-là ?
Attention ! que nul ne bouge !
Parbleu, c'est une poul' d'eau,
J' l'avais pris' pour un rat d'eau ! »

XXIII

Quatr' fusils en l'air se lèvent,
Le cinquièm' ne s' lève pas ;
Martin, qui n' bronch' pas d'un pas,
Se dit : « Tous ces gens-là rêvent,
Ces pêcheurs sont amusants,
Ils pêch' des poul's à présent ! »

XXIV

Cependant les fusils partent,
Et l'on voit la poule d'eau
Tournoyer, tomber su' l' dos ;
Les poissons, ravis, s'écartent
En disant : « Fi ! ces pêcheurs,
Ça n'était que des chasseurs ! »

XXV

Cependant la poul' se r'lève,
Et s'envole en ricanant
Aux yeux d' l'équipag' tonnant,
Et disparaît comme un rêve ;
« Ça, c'est bien fait, dit Martin,
Pourquoi s' lever si matin ! »

XXVI

La min' de chacun s'allonge.
Alors Delmas veut plonger,
Disant : « Je vais vous venger ;
Il faut pas que c'la s' prolonge ! »
Si on n' l'avait pas r'tenu,
Il se s'rait néyé tout nu !

XXVII

Schabenbeck, l'homm' le plus sage,
Dit qu'il faut patienter :
« Ce fleuv' n'est pas si hanté,
Puisque l' gibier y surnage !
Allons donc un peu plus haut,
C'est pas la dernièr' poul' d'eau ! »

XXVIII

On retire alors les lignes,
Et l'on rame avec vigueur.
Chacun reprenait du cœur,
Et, se tenant d'un air digne,
On sentait qu'un évén'ment,
Bien sûr, était imminent !

XXIX

Au bout de quelques minutes,
Martin, qu'avait pris son temps,
Sans sortir de son séant,
Tire et fait fair' la culbute
A certain rat dont le bec
Laissait perplex' Schabenbeck !

XXX

Ce rat était une poule
Cett' fois-ci, c'était certain.
Ce gros veinard de Martin
N'avait pas perdu la boule,
Et l'équipag' fête en chœur
Martin pêcheur et chasseur !

XXXI

Le bateau ram' vers la rive,
Et, chargés de la poul' d'eau,
Les vainqueurs sort' du bateau
En disant : « Quoi qu'il arrive,
On pourra pas nous blaguer
Quand on verra not' gibier! »

XXXII

Tout' la troupe s'achemine
Vers le cabaret voisin,
A c' moment y'en a pas un
Qui ne montre joyeus' mine.
Pour qu'un vrai pêcheur soit fier,
Faut pas grand'chose, c'est clair!

XXXIII

Les habitants sur leur porte
Voient passer la procession ;
Ça leur fait-z-une émotion
En voyant que l'on rapporte
Un animal emplumé,
Noir comme un jambon fumé!

XXXIV

Tout un imposant cortége
Accompagne nos héros!
Le mair' qu'est pas un zéro,
Le gendarme qui protége,
Toutes les autorités
Se trouvaient là r'présentées!

XXXV

On s' précipit' dans l'auberge,
On commande le festin
Ousqu'y aura du bon vin.
Le peupl' reste sur la berge
Pendant qu' nos joyeux gaillards
Commenc' un' parti' d' billard !

XXXVI

Après cent carambolages,
Il n'en reste plus que deux.
C'est Martin, le paresseux,
Qui sur Proust a l'avantage,
Car, n'étant pas fatigué,
Il trouv' le tournoi très-gai !

XXXVII

Vingt-cinq, six, sept, huit, neuf, trente !
On n'entend qu' des mots coupés ;
Tous les joueurs sont occupés
A compter jusqu'à cinquante :
Trent' un, deux, trois, quatr', cinq, six !
Martin jou' toujours assis !

XXXVIII

On arriv' près de cinquante !
Y a-z-un' grande émotion.
Delmas fait une motion
De pousser jusqu'à soixante.
On répond : « Y'a pas d' raison
Pour qu' ça n' dur' tout' la saison !

XXXIX

Heureusement que l'om'lette
Empêch' la parti' d' finir.
Pour en garder l' souvenir,
Martin, qui n' perd pas la tête,
Prend son morceau d' craie, avec
Le bras d' l'ami Schabenbeck!

XL

Proust, qui gagnait, la trouv' bleue :
C'est un Charlemagn' complet!
« Vous m' laisserez, s'il vous plaît,
Au moins emporter ma queue !
Ça m' gên'ra pour déjeuner,
Mais j'aim' encor mieux m' gêner ! »

XLI

Aussitôt l' signal se donne,
Et l'om'lette disparaît.
On mang' bien à c' qu'il paraît,
Quand la pêche a été bonne.
Après, en guis' de poisson,
On passe le saucisson!

XLII

Un haricot d' pomm' de terre,
Ousqu'y a pas d' haricots,
Fait le principal fricot,
Et Léon se désaltère
En buvant deux verr' de vin
A la santé de Martin!

XLIII

Proust pensait : « Mon quatre-bandes
Etait fait sans c't incident.
J'avais mis Martin dedans,
Mais, l' diabl' m'emport', qu'il attende !
J' lui prépare un vrai coup d' chien,
Auquel il n' comprendra rien ! »

XLIV

Cependant le peuple avide
S'approchait de la maison ;
Il faut se faire un' raison :
Son estomac était vide !
Et le passage des mets
Le grisait de son fumet !

XLV

La poul' d'eau fait son entrée,
Tout le monde l'applaudit.
Et Delmas se lève et dit :
« C'est l'honneur de la contrée !
Je ne lui connais qu'un tort,
C'est de sentir un peu fort ! »

XLVI

Avec son couteau de chasse
Martin découp' le gibier,
Il s'administre l' gésier
Comm' le morceau l' plus coriace,
Disant : « J'ai, moi, le vainqueur,
Bon estomac et bon cœur ! »

XLVII

La poule fait résistance.
Comme on n'en peut v'nir à bout,
On s' dit : « Quel fameux ragoût
Ferait cet animal rance
Pour tout ce peuple étranger
Qui nous regarde manger !

XLVIII

On s'incline à ce langage ;
L'aubergiste emporte l' plat,
Le présente avec éclat
A la foule, qui partage
Les morceaux récalcitrants
D'un' poul' qui n' vaut pas deux francs !

XLIX

Le dessert est sur la table,
Le moment des toasts est v'nu.
Léon, d'un air ingénu,
Fait : « Si nous disions un' fable ! »
Martin répond : « Et ta sœur !
Lafontaine est un farceur !

L

Moi, j' bois à la République,
Quoique je sois à Brunoy !
Et je ne suis pas une oie,
Car j'ai porté la tunique
De garde national
Pendant l' péril social ! »

LI

Pendant qu'on choque en cadence,
Schabenbeck, grav', solennel,
Dit : « Pardon, j' bois à l'hôtel
De France, ru' de Provence,
Au coin d' la Cité d'Antin,
Où l'on se fleurit le teint! »

LII

Proust, ému jusques aux larmes,
Dit : « Messieurs, vraiment, merci!
Je me trouv' si bien ici,
Que je dépose les armes! »
Et, mettant sa queu' dans l' fond,
Il saisit un carafon!

LIII

L'ivresse partout déborde.
Delmas dit : « C'est à mon tour,
Je bois, en cet heureux jour,
A la cuiller, à la corde.
Si ça n'a pas réussi,
C'est qu' Martin restait assis! »

LIV

Martin dit : « Messieurs, en somme,
Il nous est rien arrivé,
Si le poisson s'est sauvé,
C'est qu' la bête a peur de l'homme;
C'est un mâtin qui voit clair,
Il n' tomb' pas dans la cuiller! »

LV

L'ivress' devient générale,
Et la table, à l'unisson,
Chante une vieille chanson
D'origine monacale,
Que les abbés de Nogent
Donnaient aux gens pour d' l'argent!

LVI

Au milieu de la romance
Y en a un qui gémit.
C'était Martin l'endormi,
Cédant à sa nonchalance,
Car cet homme, au fond très-gai,
Paraît toujours fatigué!

LVII

Schabenbeck, d'une voix forte,
Dit : « Messieurs, les lits sont prêts,
Ils vous attendent tout près ;
Suivez-moi, j'ouvre la porte ;
J' vous r'command' qu'un' chose : Ayez
Bien soin de mes oreillers! »

LVIII

On enlèv' Martin qui ronfle ;
Faut quat'-z-homm' pour le porter.
On s'empress' de le jeter
Sur un édredon qui s' gonfle
Sous le fardeau distingué
De ce chasseur fatigué!

LIX

Le sommeil dur' sept heur' presque,
On s'éveill' pour le ch'min d' fer.
Chacun s'empresse de fer-
mer sa mall', c'était burlesque :
Tous les habits confondus
Se cherch', mais ne se r'trouv' plus!

LX

On put voir, spectale unique,
Léon flottant dans l' pal'tot
De Martin qui, s' levant tôt,
S'affubla d'une tunique
Qu'avait porté' Schabenbeck
En dix-huit cent quarante-sec!

LXI

Déjà la locomotive
Vers Paris siffle en ronflant,
Et Martin dort sur le flanc
Jusqu'à l'heure où l'on arrive.
Dans un fiacre on met Martin :
« Cocher, 3, Cité d'Antin! »

LXII

Tous les autres, comme on pense,
Pour ménager leur quïbus,
Prenn' simplement l'omnibus
Avec un' correspondance :
Les uns d'sus, les autr' dedans;
Il n'arriv' pas d'accident!

LXIII

A six heur' un quart tout juste,
On se retrouv' réuni
A table où l' couvert est mis :
Du Madèr' ! Qu'on en déguste
Pour nous ouvrir l'appétit,
Parc' qu'il est un peu trop p'tit !

LXIV

Tout' la table était garnie
Comme un vrai bouquet de fleurs.
Des visag' de tout' couleurs,
Loin de nuire à l'harmonie,
Formaient un tableau complet.
Vous allez l' voir, s'il vous plaît !

LXV

Au milieu, Madam' l'Hôtesse
Avec son petit Poucet ;
A côté, Proust, le pèr', s'est
Placé par droit de tendresse,
Et puis à caus' du cordon
Dont on appell' le garçon !

LXVI

Il a su' l' nez ses lunettes
Et sous ses lunett' son nez.
Ses doigts pendent acharnés
Toujours après la sonnette.
On connaît son pal'tot gris,
Couleur de ses favoris !

LXVII

Près de lui, Martin préside
Assoupi, mais triomphant!
Quand on l'attaque y s' défend.
Il faut voir comment il vide
Deux ou trois verr' coup sur coup,
Bien que ça l' fatigu' beaucoup!

LXVIII

Cet homme à façon civile,
Qui parle mi-bas, mi-haut,
C'est le citoyen Miot,
Demeurant à Belleville;
Au fond de son vieux faubourg
Il cultiv' le calembour!

LXIX

Ça lui ferait de la peine
Si, par chaque déjeuner,
Il n'en pouvait consommer
Pour le moins une centaine.
En mémoir' de ses sottis'
Il porte un myosotis!

LXX

R'présentant d' la Berrichonne,
Il est, pour Monsieur Toutain,
Un propagateur certain,
Dont la réclame est très-bonne,
Car il l'assaisonn' de mots
Qui guérissent tous les maux!

LXXI

Blanc de cœur, roug' de visage,
Voici Monsieur de Bonnault;
Quand il met un peu d' bonne eau
Dans son vin, le vin surnage!
Et sa gaîté de bonn' foi
Chante toujours : Viv' le Roy!

LXXII

C'est un pur légitimiste,
Ne jurant que par Chambord.
Il voit, en rageant, du bord,
La tempêt' bonapartiste.
Comm' la rival' d'Eucharis
Il attend l' retour du lys!

LXXIII

A côté l' contraste exige
Guillet, le républicain,
Un rouge, un jeune coquin,
Dont le raisonn'ment l'afflige!
Ils ne sont vraiment d'accord
Que pour bien souper dehors!

LXXIV

Du dix-neuvièm' siècle l'homme,
Guillet n'aim' que le progrès.
Il voudrait voir à son gré
Tout le monde heureux, en somme;
A chacun sa poule au pot,
Comm' le veut aussi d' Bonnault!

LXXV

On discute et l'on discute,
Sans se convaincre jamais ;
On n'en a pas l'espoir, mais
L'heur' passe comme un' minute.
Si l'on s'entendait, vraiment,
Mon Dieu ! qu' ce s'rait embêtant !

LXXVI

Parmentier arrive ensuite,
Il vient d' descendr' du tramway ;
Il s'en est pas mal trouvé,
Parc' que ça l' conduit plus vite ;
Mais, comm' le tramway est neuf,
Il n'arriv' qu'après le bœuf !

LXXVII

Il n'ya plus qu' des pomm' de terre.
V'là c' que c'est qu' se dépêcher !
Il n'est pas venu pêcher,
Car il est trop homm' de terre ;
Pour le poisson il préfèr'
La fourchette à la cuiller !

LXXVIII

En voyag', ne vous déplaise,
Ce voyageur plein de chien,
Pour se donner du maintien,
Apprend la langu' polonaise.
Mais ça l'absorbe si fort
Qu'il pass' tout son temps dehors !

LXXIX

Plus loin voici le beau-frère
De Jul' Proust, l'homme au pinc'-nez;
Vous l'avez déjà nommé,
C'est le calme Chérière;
C'est la moitié d' la raison
Social' de la maison !

LXXX

Il sait d'une main si sûre
Manier le long flacon
De la Berrichonne, qu'on
N'en reçoit que sa mesure.
Il en verse juste assez?
Ganymède est enfoncé !

LXXXI

A l'autre bout de la table
Regardez Monsieur Delmas;
Sous un' serviett' de Damas
Son abdomen respectable
Se cache modestement
Pour qu'y ait pas d'accident !

LXXXII

Flanqué de pommes de terre,
Il se moqu' de Parmentier;
Il donn'rait le monde entier
Pour un coin de l'Angleterre.
Mais ce qui fait son succès,
C'est qu'il rest' toujours Français !

LXXXIII

Avec sa barbe d'Homère,
Papa Léon, pas Léon
Le p'tit de tantôt, oh! non;
Mais celui qu' est le beau-père
De Sardou Victorien,
Qui dans c't' œuvre n'est pour rien!

LXXXIV

Dans un coin se trouv't ensemble
Le med'cin et l' fantassin.
Ancien cuirassier, l' méd'cin
Dit au fantassin : « Y m' semble,
Mon vieux, qu' l'air des camps est singulièrement malsain! »

LXXXV

— « Tu veux rir', jeune Esculape,
Regarde-moi donc le nez;
Il est presque bourgeonné
Autant que le nez d'un pape! »
Le méd'cin le tâte et dit :
« C'est un naseau d' Paradis! »

LXXXVI

Une place restait vide,
Attendant Monsieur Rahier.
Nous pouvons bien le railler,
Puisque jamais y s' décide
A fair' sa profession d' foi
Pour l'Empire ou pour le Roy!

LXXXVII

Quand on l'interroge, en somme,
Pour savoir son opinion,
Il dit : « J' suis marchand d' charbon ;
C'est le charbon qui fait l'homme.
Vous me trouvez un peu noir !
Je voudrais bien vous y voir ! »

LXXXVIII

Le plus grand de nos convives
Mesure presque autant d' pieds
Que les couplets estropiés
De cette chanson plaintive :
« Allez-y, nous dit Marmy,
Cett' comparaison m'a r'mis !

LXXXIX

» Si, Messieurs, rien n' vous empêche,
Dit-il, j'en serais ravi,
Permettez-moi d' vous invi-
ter à venir à la pêche,
A Troyes, en Champagne ; c'est
Numéro 11, ru' Carré ! »

XC

Enfin, pour fermer la marche,
Nous avons un Escallier !
Joyeux et franc du collier,
On peut dir' qu'il se fend l'arche
Pour la multiplication
Des lapins de distinction !

XCI

On sait que tous deux, à Troyes,
Vivent intimement liés ;
Marmy avec Escallier
Font de la vie une joie.
On les voit surtout en train
Quand ensemble ils prenn' le train !

XCII

S'il fallait faire du reste
Le portrait d' tous les absents,
Il faudrait rimer six cents
Couplets, mais l' public proteste,
Et trouv' qu'en fait d'abonnés
On en a par trop nommé !

XCIII

Au moment de clor' la liste,
Il y a protestation ;
D' Bonnault fait l'observation
Que cette chanson l'attriste
En racontant qu'il soup', car
Il ne soup' que par hasard !

XCIV

Guillet pourrait bien en dire
Autant, mais il ne veut pas.
Se trouvant dans le mêm' cas,
Un tel propos le fait rire ;
Il ne r'grett' qu'un' chos', vraiment :
De n' pas souper plus souvent !

XCV

La porte sur ses gonds glisse :
Vous pensiez que c'était tout.
Pas du tout, voilà Leloup
Qui n' se dout' pas du supplice
Qu'on fait quand même endurer
A tous ceux qui os'nt entrer !

XCVI

Tout le monde à la fois chante,
C'est un charivari fou !
On ne sait vraiment pas où
Se r'trouver dans la tourmente.
Ahuri de tant de voix,
Leloup regrette ses bois !

XCVII

Pour éviter tout désordre,
Proust fait un signe au garçon ;
Mais on comprend la leçon,
Et son avis est un ordre.
Le dernier coup d' l'étrier
S'avale sans sourciller !

XCVIII

La pendul' marquait dix heures,
On était à table encor,
Et tous, d'un commun accord,
Regagnèrent leur demeure,
La moitié clopin-clopant,
Et Martin tout en dormant !

. . . .
. . . .

XCIX

La Moral' de cette affaire,
C'est bien simple : la voici !
N'allez pas vous fâcher si
L'histoire n'est pas très-claire !
Pour bien la chanter dans l' ton,
Faut passer par Charenton !

      Ouff !

POST-SCRIPTUM.

C

O toi, l'ami qui imprimes
Cette innocente chanson,
Vite arrête l'impression
De ces immortelles rimes ;
Mets un crêpe à ce feuillet :
On vient d' nous voler Guillet !

CI

C'est le *Courrier de France*,
Ce journal à conjonctions,
Qui nous caus' ces émotions
Et nous met dans cette transe !
De douleurs nous somm' perclus !
Martin même n'en dort plus !

CII

Guillet demain se marie
A l'église Saint-Laurent !
Dir' qu'un homme intelligent
Commet cett' plaisanterie !
Tiens, Guillet, t' es qu'un flandrin
D' nous causer autant d' chagrin !!!

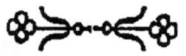

ENVOI.

CIII

C'en est fait ! l'Hôtel de France
Enfonc' Ronsard et Belleau,
Grâces à la *Poule d'eau*
D'la Pléiade Renaissance.
En soixant'-quinz' le bon goût
Vient de Nogent-le-Rotrou !

CIV

Cent quatr' couplets, quelle aubaine !
Dis-moi, lecteur, mon ami,
S'ils ne t'ont point endormi,
C'est qu'ils valaient bien la peine
D'être imprimés et d'êtr' lus !
FINIS CORONAT OPUS !!!

NOGENT-LE-ROTROU

Imprimerie de A. Gouverneur.

www.ingramcontent.com/pod-product-compliance
Lightning Source LLC
Chambersburg PA
CBHW060702050426
42451CB00010B/1242